So war das damals

Hier kannst du
ein Foto einkleben

Opa erzählt

ERINNERUNGSALBUM

ISBN 978-3-8112-3316-4

Gesamtgestaltung, Texte, Redaktion und Satz:
Atelier Georg Lehmacher, Friedberg (Bay.)
Covermotiv: Panthermedia / Andrea Haase
Fotos im Innenteil: Atelier Georg Lehmacher
Ornamente: Panthermedia (Natalia Artemjeva und Galina Shpak)
Printed in Slovenia
5 4 3 2 1

Der Umwelt zuliebe gedruckt auf chlorfrei gebleichtem Papier.

www.gondolino.de

INHALT

Hier kannst du
ein Foto einkleben

Das Leben ist ein Scherz;
und alles weist darauf hin.
So habe ich früher gedacht;
doch heute weiß ich es.

JOHN GAY

VORWORT

Im Geschichtsunterricht lernt man etwas über die Hintergründe der Politik in der Vergangenheit. Man erfährt etwas über die großen Zusammenhänge der Weltgeschichte und die wirtschaftlichen Entwicklungen.

Wie aber hat sich das Leben im Kleinen angefühlt? Wie wurden die großen Nachrichten aufgenommen? Wie haben die „kleinen Leute" schwere Zeiten überstanden? Wie haben sie ihren Weg durch die Geschichte genommen, wie ihren Alltag gestaltet, woran hatten sie in schwierigen Zeiten Freude, was haben sie gelernt in ihrem Leben, was würden sie heute anders machen?

Und schließlich erfährt man ja auch immer wieder spannende Dinge über sich selbst, wenn man sich mit seinen Vorfahren beschäftigt. Schnell entdeckt man, wie ähnlich man sich ist. Man versteht, weshalb die Oma in manchen Dingen eine andere Meinung hat als man selbst. Und man begreift auch, dass die heutige Zeit nicht anstrengender ist als die Zeit, in der die Großeltern aufgewachsen sind. Schließlich wird deutlich, wie viele Möglichkeiten man in der modernen Welt hat, seinen eigenen Weg zu finden und zu gehen.

Großeltern sind oft wunderbare Erzähler. Sie vermitteln ein lebendiges Bild der Vergangenheit und ihr persönlicher Blick macht Neugier auf mehr. Sie erinnern sich an lustige Begebenheiten und kennen kleine Geheimnisse über die eigenen Eltern. Sie haben viele Erfahrungen gemacht und daraus Dinge gelernt, die man in keinem Buch erfährt – und es lohnt sich, ihnen zuzuhören. Ihre Erlebnisse und ihr Wissen sind so vielfältig, dass man sich oft gar nicht alles merken kann. Und es ist so einzigartig, dass möglichst wenig vergessen werden sollte. Dieses Buch bietet Raum dafür, all diese Dinge weiterzugeben, und einen Rahmen, in dem viel Platz für persönliche Erinnerungen ist, aber auch einen roten Faden, damit nichts vergessen wird.

Wir wünschen dem Opa beim Ausfüllen viel Freude – und den Enkelkindern beim Lesen. Und sicher entstehen viele Anregungen für weitere Gespräche und Erinnerungen, für das Anschauen alter Fotoalben und anderer Erinnerungsstücke.

Hier kannst du
ein Foto einkleben

Die kürzesten Wörter, nämlich „Ja“ und „Nein“, erfordern das meiste Nachdenken.

PYTHAGORAS VON SAMOS

Botschaften und Lebensweisheit

Was ist das Wichtigste, das du für dein Leben gelernt hast?

Welchen Rat gibst du einem jungen Menschen für seine Berufswahl?

Welche Dinge hast du als junger Mensch nicht verstanden?
Welche Dinge haben dich geärgert, die du heute anders verstehst?
Welche Ansichten haben sich geändert – und warum?

Was waren deine wichtigsten Grundsätze im Leben?
Welche davon würdest du gerne deinen Enkelkindern weitergeben und weshalb?

Wenn du heute von einem beliebigen Tag deines Lebens eine Zeitung kaufen könntest, um die Nachrichten dieses Tages noch einmal zu lesen – welchen Tag würdest du auswählen?

Welches sind die drei wichtigsten Menschen in deinem Leben, denen du außerhalb der Familie begegnet bist?

Welcher Mensch war in deiner Jugend dein großes Vorbild – und warum?
Ist er/sie es heute noch – oder hat es sich geändert?

Was ist dein Lebensmotto oder ein besonders schöner Spruch, der dir am Herzen liegt?

Welche Fehler im Leben kann man vermeiden?

Welche Sorgen sollte man sich im Leben nicht machen, weil sie sich ohnehin in Luft auflösen?

Welchem Menschen, dem du in deiner Kindheit begegnet bist und der heute aus deinem Leben verschwunden ist, würdest du gerne noch etwas sagen – und was wäre es?

Wenn du Bundeskanzler geworden wärest, was hättest du verändert?

Welches ist in deinen Augen die größte Aufgabe der Menschheit für die nächsten hundert Jahre?

Steckbrief / Lebenslauf

Wenn du heute einen Lebenslauf für eine Bewerbung als „Opa“ schreiben müsstest, welche Stichworte, welche Ereignisse, welche Sätze müssten da hinein?

Geburtsdatum:

Geburtsort:

Eltern:

Schule und Ausbildung:

Beruf und Leben:

Drei Dinge ...

1. Drei Bücher, von denen ich finde, dass jeder sie gelesen haben sollte:

2. Drei Dinge, die jeder Mensch in seinem Leben getan haben sollte:

3. Drei Dinge, die man immer im Haus haben sollte:

4. Drei Dinge, die einen Menschen liebenswert machen:

5. Drei Dinge, die ein Mensch nie machen darf:

6. Drei Dinge, die mich immer wieder glücklich machen:

7. Drei Dinge, die ich niemals hergeben möchte:

8. Drei Dinge, die mich jung halten:

9. Drei Dinge, mit denen man mir eine Freude machen kann:

10. Drei Dinge, bei denen ich „Ja“ sagen muss, obwohl ein „Nein“ vielleicht besser wäre …

Hier kannst du
ein Foto einkleben

*Was einer an sich selber hat,
ist zu seinem Lebensglück das Wesentlichste.*

ARTHUR SCHOPENHAUER

So bin ich

Davon kann ich nicht genug bekommen:

Das habe ich nie verstanden:

Das ist mein größtes Talent:

Das habe ich nie gelernt:

Das interessiert mich:

Das würde ich machen, wenn ich mehr Mut hätte:

Mein Vorbild heute:

Wenn ich nicht hier leben würde, wäre mir dieser Ort auf der Erde der liebste:

Das wollte ich immer schon mal machen, habe es aber bisher versäumt:

Auf diese Fähigkeit bin ich besonders stolz:

Die zehn wichtigsten Dinge, die ich im Leben erreicht habe:

Das finde ich richtig „nervig“:

Meine „kleine Schwäche“ ist:

An was ich glaube:

Das gibt mir Hoffnung, wenn es mir mal schlecht geht:

Für mich bedeutet das Wort Liebe:

Das erweckt Sehnsucht in mir:

Hier kannst du
ein Foto einkleben

Wir überzeugen durch unsere Persönlichkeit.

WALT WHITMAN

Meine Eigenschaften

- ♣ Frühaufsteher
- ♣ Langschläfer

- ♣ ein ruhiger Mensch
- ♣ leicht erregbar

- ♣ Raucher
- ♣ Nichtraucher

- ♣ ich bin tiefsinnig und denke lange über Dinge nach
- ♣ ich vergesse Dinge eher schnell

Das kann ich mir besonders schlecht merken:

- ♣ Jahreszahlen
- ♣ Telefonnummern
- ♣ Gesichter
- ♣ Namen

Ich bin eher:

- ♣ nachtragend
- ♣ vergebend

Meine Lieblingsfarbe ist: ______________

♣ Ich mache mir viele Sorgen
♣ Ich vertraue darauf, dass alles gut gehen wird

Mein Lieblingsessen ist:

♣ Ich bin Romantiker
♣ Ich bin Realist

♣ Ich behalte viele Gedanken eher für mich
♣ Ich gehe offen mit meinen Gefühlen um

Wenn ich eine Idee habe,

♣ bin ich nachgiebig und kompromissbereit
♣ entscheide ich von Fall zu Fall
♣ bleibe ich so lange am Ball, bis ich sie durchgesetzt habe

♣ Ich bin Pessimist
♣ Ich bin Optimist

♣ Ich esse gern süß
♣ Ich esse gern salzig

Herausforderungen

- ♣ liebe ich
- ♣ sind mir lästig

Kunst, Musik, Literatur

- ♣ sind überflüssiger Luxus
- ♣ sind wichtig für die Menschen

- ♣ Ich bin ein guter Verlierer und gönne anderen auch mal einen Sieg
- ♣ Ich möchte immer gewinnen und es bohrt in mir, wenn ich es nicht schaffe

- ♣ Ich merke mir gut, was ein anderer im Streit zu mir sagt
- ♣ Ich bin nicht nachtragend

Politik ist:

- ♣ Privatsache
- ♣ ein Thema, über das man möglichst oft diskutieren sollte
- ♣ etwas, das alle angeht
- ♣ unwichtig für das Leben des Einzelnen
- ♣ eine Grundlage dafür, wie es den Menschen ergeht

Hier kannst du
ein Foto einkleben

Wer ist glücklich?
Wer Gesundheit, Zufriedenheit und Bildung
in sich vereinigt.

THALES VON MILET

Glück und Menschen

Was war das beste Erlebnis mit Freunden?

Was magst du an dir selbst besonders gern?

Was magst du an dir selbst gar nicht?

Was war das Beste, das du in deinem Leben spontan getan oder entschieden hast?

Welche Fehler würdest du heute nicht mehr machen?

Was hast du deiner Mutter zu verdanken?

Welche ihrer Lebensregeln und Weisheiten hast du übernommen?

Welche Eigenschaften hast du von ihr übernommen?

Was hat sie dir fürs Leben beigebracht?

Was konntest du aus ihrem Verhalten lernen und besser machen?

Wofür bist du ihr besonders dankbar?

Was hast du deinem Vater zu verdanken?

Welche seiner Lebensregeln und Weisheiten hast du übernommen?

Welche Eigenschaften hast du von ihm übernommen?

Was hat er dir fürs Leben beigebracht?

Was konntest du aus seinem Verhalten lernen und besser machen?

Wofür bist du ihm besonders dankbar?

Audion-Empfänger Huth-ELH 129, 1924
Vertrieb: Deutsche Stunde in Bayern

AEG-Ultra Geadem WL, 1932

SABA 321 GL, 1933

Volksempfänger VE 301 W, 1933

Volksempfänger, VE dyn. W, 1938

Radiogerät mit Tefifon-Schallbandspieler, 1953

Kaiser UKW-Spezial W1032, 1954/1955

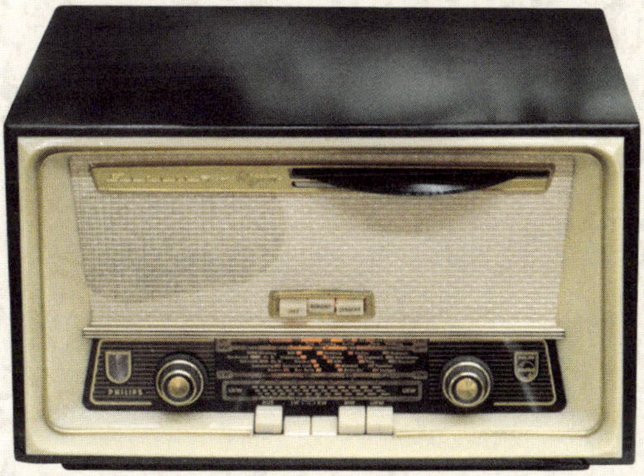

Philips Sirius-Mignon mit eingebautem Schallplattenspieler für 17 cm Platten, 1958

Hier kannst du
ein Foto einkleben

Man muss immerfort verändern, erneuern,
verjüngen, um nicht zu verstocken.

JOHANN WOLFGANG VON GOETHE

Veränderung

Was hat sich seit deiner Kindheit im täglichen Leben im Haushalt verändert?

Wie hat sich das Leben am Wohnort verändert?

Wie und wo habt ihr früher fürs Wochenende eingekauft und wohin seid ihr dazu gefahren? Was hat sich in deinem Einkaufskorb verändert? Gibt es Dinge, die du in diesem Einkaufskorb heute vermisst?

Was war deine erste Lieblingsfernsehsendung?

Was durftest du als Kind nicht tun, obwohl du darauf sehr neugierig gewesen wärest?

Was durftest du als Kind nicht tun, was dich sehr geärgert hat?

Was war die lästigste Aufgabe, die du in deiner Kindheit/Jugend übernehmen musstest und warum?

Wo hast du Urlaub gemacht und mit wem?

Was waren deine Fortbewegungsmittel?

Wer waren deine Freunde in der Grundschule, in den weiterführenden Schulen und danach?

Wie habt ihr euch ohne E-Mail und Internet ausgetauscht ?

Wo habt ihr wichtige Neuheiten aus eurer Umgebung erfahren?

Was waren die größten Sorgen, die die Menschen allgemein teilten, als du jung warst?

Was waren die größten Hoffnungen der Zeit, als du jung warst?

Vom Wald zu den Sternen

„Und welche Schule hat Er besucht?“
Der junge Mann murmelte etwas, das ein wenig undeutlich klang.
„Welche Schule? Wie lange? Kann Er schreiben und lesen? Und vor allem rechnen?“
„Selbstverständlich, Sir.“
„Dann schreibe Er mal die Namen des Präsidenten und des Vizepräsidenten auf dieses Blatt Papier.“
„Präsident John Quincy Adams“ und darunter „Vizepräsident John Caldwell Calhoun“ stand fehlerfrei auf dem Blatt Papier, das der junge Mann dem Kaufmann aushändigte.
„Ein Händler kauft für 14 Dollar Holz“, begann der Kaufmann nun. „Er lässt es mit der Eisenbahn nach Baltimore transportieren und bezahlt dafür 2,60 Dollar an die Eisenbahngesellschaft. In Baltimore verkauft er das Holz für 22 Dollar. Auf den Gewinn muss er eine Steuer von 20% bezahlen. Wie viel Steuern muss er also entrichten?“
Holz … Der junge Mann dachte zurück an die kleine Blockhütte, in der er zusammen mit seinem Vater, seiner Schwester, seiner Stiefmutter und den drei Stiefgeschwistern aufgewachsen war. Daran, wie er seinem Vater geholfen hatte, bei der harten Arbeit eines Farmers an der Frontier, der Siedlungsgrenze zur Wildnis. Dass er einmal für ein paar Monate versucht hatte, eine Schule zu besuchen, aber wieder abbrechen musste, weil einfach zu viel zu tun war. Wie er jedes gedruckte und geschriebene Stück Papier, das er in die Finger bekommen hatte, gierig gelesen hatte. Dass er von jemandem aus der Stadt ein altes Rechenlehrheft gekauft, und es nachts, nach der Arbeit auf der Farm im Schein einer Kerze gelesen hatte. Und dass er die meisten der Aufgaben im Kopf gelöst hatte, um nicht zu viel des teuren Papiers zu verbrauchen. Er dachte an seine Mutter, die gestorben war, als er 9 Jahre alt war. Er hatte Tränen in den Augen, die er sich schnell unbemerkt mit dem Handrücken aus den Augen rieb, als der Kaufmann einmal kurz zum Fenster hinaussah und nicht auf ihn achtete.
Er hatte die Frontier verlassen und stand nun im Büro dieses Mannes, bei dem diese Stellung als Kaufmannsgehilfe frei war, die er unbedingt haben wollte. Ein wohlhabend aussehender Mann hatte ihm im Salon der Stadt davon erzählt.

Der Kaufmann schob das Blatt Papier zurück zu dem jungen Mann und legte den Stift auf das Blatt Papier.
„Und? Kann Er nicht rechnen? Ich habe noch zwei andere Bewerber, die Stelle ist ohnehin so gut wie vergeben."
„Die Steuer beträgt 1,08 Dollar", sagte der junge Mann.
Der Kaufmann schaute den Bewerber, der seine Nervosität geschickt unterdrücken konnte, erstaunt an. „Geschätzt? Mit Schätzen kommt er bei uns nicht weit."
„Nein, gerechnet."
Ein wenig erstaunt blickte der Kaufmann den jungen Mann an, dann zog er Stift und Papier zu sich und rechnete nach.
„Er kann die Stelle haben", sagte er dann. „Morgen um 7 Uhr kommt er in mein Büro."
Dann stand der Kaufmann auf, stellte sich in die Tür und brüllte, so lautstark er es konnte, in den Hof hinaus, wo die Farbigen die Kisten mit den Stoffen, die aus New York eingetroffen waren, umluden: „Dass ihr mir nicht einschlaft! Elendes Pack!"
„Morgen dann, pünktlich", lächelte er den jungen Mann an, der ihm nur zunickte.
„Ich habe es geschafft. Ich habe es tatsächlich geschafft", dachte der. „Ich habe die Stelle! Und ich werde weiterlernen. Bis ich irgendwann Anwalt werden kann."

Einige Jahre später bewarb er sich um ein Mandat im Repräsentantenhaus von Illinois. Er scheiterte im ersten Anlauf, errang den Sitz dann aber 1834. Zwei Jahre später beendete er sein Selbststudium der Rechtswissenschaften und wurde 1836 zur Anwaltskammer von Illinois zugelassen. 1842 heiratete er seine Frau Mary – gegen den Widerstand ihrer Familie, die weder seine politischen Ansichten noch seine Herkunft mochte.
Schließlich wurde er 1861 Präsident der Vereinigten Staaten von Amerika und der erste Präsident seit mehr als 30 Jahren, der wiedergewählt wurde. Er führte den Krieg der Nordstaaten gegen die Konföderierten und schaffte mit dem 13. Verfassungszusatz die Sklaverei ab.
Bis heute gilt Abraham Lincoln, der niemals eine Schule besucht hatte und unter ärmlichsten Verhältnissen aufwuchs, als einer der erfolgreichsten und bedeutendsten Präsidenten der USA.

Hier kannst du
ein Foto einkleben

Die Eindrücke der Kindheit wurzeln am tiefsten.

KARL EMIL FRANZOS

Kindheit

Was ist das Erste in deinem Leben gewesen, an das du dich heute noch erinnern kannst?

Wie sah dein Zuhause aus und wo war es?
Wo hast du am liebsten gespielt?

Was ist die schönste Kindheitserinnerung, die du hast?

Welches waren die schönsten Geburtstags- oder Weihnachtsgeschenke in deiner Kindheit?

Was war dein schönster Ausflug?

Habt ihr in der Kindheit auch Streiche gespielt – und welche?

Mit wem hast du als Kind am liebsten gespielt?

Was war dein Lieblingsspielplatz?

Was war das bestgehütete Geheimnis, das du als Kind hattest?
Hast du es je geteilt – und wenn ja, mit wem?

Was hast du (als Kind) in den Sommerferien gemacht?

Was war dein liebstes Fach in der Schule?
Wer war dein Lieblingslehrer?

Wurdest du als Kind bestraft?

Wie hieß dein erstes Lieblingsbuch?

Welches Lied hast du als Kind besonders geliebt?

Welche Erinnerungen hast du an deine Großeltern?
Wie hießen sie?
Welchen Beruf hatten sie?
Wie sah ihr Haus aus?
Was war an ihnen anders als an deinen Eltern?

Man wird Schiffe ohne Ruder bauen, sodass die größten von einem Mann zu steuern sind. Und unglaublich schnelle Fahrzeuge, vor die kein Tier gespannt werden muss. Und fliegende Maschinen. Und solche, die ohne Gefahr bis auf den Grund der Meere und Ströme tauchen können.

ROGER BACON

Alle Menschen sind stolz
auf die Fortschritte
der Menschheit,
doch kein Mensch
macht Fortschritte.

RALPH WALDO EMERSON

Hier kannst du
ein Foto einkleben

*Die beste Lebensregel ist:
Nutze deine Zeit, weil jung du bist!*

DEUTSCHES SPRICHWORT

Jugend

Was war das Schlimmste, das dir in deiner Kindheit oder Jugend passiert ist?

Wer war deine erste heimliche Liebe, dein erster Schwarm?

Was war das Peinlichste, das dir als Jugendlicher passiert ist?

Was ist dir als Jugendlichem auf die Nerven gegangen?

Was habt ihr als Jugendliche an den Wochenenden gemacht?

Was war dein Hobby als Jugendlicher?

Wie viel Taschengeld hast du bekommen?

Wofür hast du es ausgegeben?

Hast du als Jugendlicher noch Geld nebenbei verdienen können – und womit?

Was war deine Lieblingsmusik?

Was war dein größter Traum mit 18?

Wer war dein Idol?

Was war das Verbotenste, das du gemacht hast?

Hast du es bereut? Warum – warum nicht?

Welches war dein erster Urlaub ohne deine Eltern?

Was würdest du heute anders machen, wenn du noch mal 18 wärst?

Was ist für einen Jugendlichen heute grundlegend anders als früher?

Der Missratene

„Nein, natürlich ist es kein Beinbruch, aber wenn du so weitermachst, musst du das Schuljahr wiederholen."
„Aber Mama, die Schule ist einfach oft langweilig. Was wir da lernen müssen, braucht doch sowieso kein Mensch."
„Was du da lernst, ist wichtig für das ganze Leben", seufzte seine Mutter. „Vater hat es nicht umsonst so weit gebracht. Fleiß gehört dazu und Wissen. Es ist mehr das Wissen und das Denken, das uns von den ärmeren Menschen unterscheidet, als unser Geld. Wer klug ist und viel weiß, hat immer Möglichkeiten."
„Kann ich jetzt in mein Zimmer gehen? Es regnet sowieso draußen und ich möchte noch ein wenig allein sein."
Mutter schüttelte den Kopf. „Zuerst machst du deine Hausaufgaben!"
Schon die dritte schlechte Note. Dieses Mal in Latein. Dabei war das Schuljahr erst drei Monate alt. Thomas, der den Vornamen seines Vaters trug, machte ihr Sorgen. Sicher könnte der Vater eine Möglichkeit finden, den Jungen nach Beendigung der Schulzeit irgendwo in seiner Firma unterzubringen. Aber ohne Schulabschluss und ganz in der Abhängigkeit des Vaters wäre das sicher eine spannungsgeladene Situation.
Thomas' vier Jahre älterer Bruder und auch seine etwas jüngere Schwester Julia, die auf den Namen der Mutter getauft war und auch schon seit ein paar Jahren die Schule besuchte, strengten sich wenigstens an und brachten akzeptable Ergebnisse nach Hause.
Seltsam, dieser Thomas: Er war doch nicht dumm. Aber die Schule schien ihn einfach nicht zu interessieren. Er wollte einfach nicht verstehen, welchen Wert Bildung in der Gesellschaft hatte.
Als am Abend der Vater nach Hause kam, war der Junge schon im Bett. „Die Kornernte in diesem Jahr ist verheerend schlecht. Die Preise werden noch einmal deutlich nach oben gehen", mit diesen Worten begrüßte er seine Frau, als er seinen Mantel an die Garderobe hängte. „Das kalte Regenwetter und einige heftige Gewitter haben ihr Übriges dazu getan."
„Ich muss mal mit dir sprechen", antwortete seine Frau mit besorgtem Blick.
„Mit mir sprechen? Gleich jetzt? Schon wieder Ärger mit den Kindern?" Erregt ging der Vater in den Speiseraum.

„Ist es schon wieder Thomas, der Sorgen macht?"
Die Mutter nickte.
Verärgert polterte der Vater mit der Faust auf den Tisch.
„Die Kinder scheinen unseren Wohlstand als Schlaraffenland zu betrachten. Das Wenige, das sie für die Schule tun müssen, ist wohl noch zu viel."
Mutter schwieg, sie starrte auf die Porzellanvase, die gerade auf dem Tisch ein kleines Stück weit zur Seite gerutscht war, als ihr Mann so heftig auf den Tisch geschlagen hatte.
„Und, was ist nun schon wieder das Problem, wenn ich mal fragen darf?"
„Ein ‚nicht genügend' in Latein. Der Direktor bittet dich zum Gespräch."
Ihr Mann schüttelte den Kopf.
„Es ist höchst ärgerlich für mich, dass ich bei all meiner Arbeit auch noch solche Termine wahrnehmen muss", schimpfte ihr Mann. „Wegen meiner missratenen Nachkommen. Ich habe es wohl allzu oft versäumt, ihm eine gehörige Tracht Prügel zukommen zu lassen."
„Missraten ...", stammelte die Mutter. „Du bist zu hart mit ihnen, Thomas. Sie sind intelligent, haben gute Anlagen ..."
„Sie interessieren sich nur für dummes Zeug, Theatergänge, Strandspaziergänge. Keinen einzigen Tag habe ich den Jungen während seiner Sommerferien in Travemünde dabei gesehen, dass er seine Nase in ein Schulbuch gesteckt hätte. Stinkend, diese Faulheit meiner Kinder ..."
„Aber es ist doch nur der Thomas, der gerade Probleme ..."
Harsch unterbrach der Vater sie: „Sie sind nicht nach meinem Wunsch."

Auch, als der Vater und erfolgreiche Kaufmann wenige Jahre später an Blasenkrebs starb, ließ er noch einmal verlauten, seine Kinder seien nicht nach seinem Wunsch. Er ließ sein Unternehmen liquidieren und verfügte, dass seine Familie das Vermögen nicht verbrauchen, sondern nur von den Zinsen leben solle, was immerhin für ein geregeltes Auskommen genügte.

Die Familie zog nach München. Die Mutter starb dort im März 1923 mit über 70 Jahren im bayerischen Weißling. Thomas und Heinrich aber, die „nicht nach dem Wunsch des Vaters" waren, wurden erfolgreiche Schriftsteller. Bereits für seinen ersten Roman „Die Buddenbrooks" erhielt Thomas Mann den Nobelpreis für Literatur.

Hier kannst du
ein Foto einkleben

Die Familie ist das Vaterland des Herzens.

GIUSEPPE MAZZINI

Familie

Meine Hochzeit fand am ________________ in ______________________________ statt.
Unsere Gäste waren:

Und so haben wir gefeiert:

So verbrachten wir die erste Zeit unserer Ehe:

So wohnten wir am Anfang unserer Ehe:

So war es, als ich das erste Mal erfuhr, dass ich Vater werde:

Erinnerungen an die Geburt meinesKindes/meiner Kinder:

Das fiel mir als jungem Vater besonders schwer:

Das machte mir als jungem Vater besondere Freude:

Wenn ich mich an die ersten Lebensjahre deines Vaters/deiner Mutter erinnere, fallen mir vor allem diese Dinge ein:

Das Monatseinkommen unserer Familie während der ersten Lebensjahre deines Vaters/deiner Mutter lag damals bei etwa .... DM.
Das waren die wichtigsten Neuanschaffungen, die wir zu dieser Zeit machen mussten:

Diese Verwandten und Freunde standen uns in den ersten Jahren unserer neu gegründeten Familie besonders nah/haben uns in dieser Zeit viel geholfen:

Hier kannst du
ein Foto einkleben

Aus kleinem Anfang entspringen alle Dinge.

MARCUS TULLIUS CICERO

Du und ich …

Wann hast du zum ersten Mal davon erfahren, dass ich unterwegs war – und wie war das für dich?

Wann hast du mich das erste Mal gesehen – und was dachtest du in diesem Moment?

Welche Erinnerungen hast du an meine ersten Lebensjahre?

Was entdeckst du von dir in mir wieder?

Was von meinen Eltern entdeckst du in mir?

Was ist dir das Liebste an mir?

Was sind in deinen Augen meine Stärken – und was meine Schwächen?

Welche Erinnerungen an meine frühe Kindheit hast du, die du typisch für mich findest?

Welche Aussprüche von mir als Kind hast du noch in Erinnerung?

Welches ist das schönste Erlebnis mit mir zusammen, an das du dich erinnern kannst?

Das Leben heute

Hier kannst du
Fotos einkleben

Hier kannst du
Fotos einkleben

*Heute ist morgen schon gestern,
deshalb sollte man so leben,
dass man sich an heute gern erinnert.*

SPRICHWORT

Die größten Errungenschaften der letzten 10 Jahre sind:

Was sich für mich in den letzten 10 Jahren verändert hat:

Was die Welt leider vergessen hat:

Was in den letzten Jahren anders ist als früher:

Die größten Vorbilder der letzten 10 Jahre sind für mich:

Was für die Zukunft der Menschheit gut wäre:

Wenn ich heute noch mal jung wäre, würde ich folgende Dinge anders machen:

Wenn ich heute noch mal jung wäre, würde ich folgende Dinge wieder genauso machen:

Früher ...

Es gab so wenig Autos, dass man keine Umweltplaketten wegen der Abgase brauchte.
Und wir waren noch froh, wenn wir überhaupt eine Gelegenheit hatten, im Auto zu fahren – auch wenn diese Autos weder Kopfstützen noch Sicherheitsgurte hatten.

Wenn man irgendwohin fahren wollte, brauchte man eine Landkarte und ein Ziel. Man musste sich an der Umgebung orientieren um anzukommen und konnte nicht in ein Navi schauen.

Wenn wir spielten, haben wir das miteinander getan und nicht mit einem Handy oder Computer. Wir fanden immer Spielsachen oder wir haben Dinge aus dem Haushalt umfunktioniert. Wir hatten keine 20 Fernsehprogramme in Farbe. Es gab nur drei Sender, die meisten Fernsehgeräte hatten schwarz-weiße Bilder und es gab bei Weitem nicht in jedem Haushalt ein Fernsehgerät. Wir hatten viele Dinge nicht – aber dafür richtig gute Freunde!

Wenn wir uns in der Gegend herumtrieben, hatten wir nie das Gefühl, es könne uns etwas passieren. Wir sind Fahrrad gefahren, ohne einen Helm zu tragen, und haben auf der Straße Fußball oder Hüpfspiele gespielt. Wir haben Baumhäuser gebaut und Seifenkisten ohne Bremsen und sind an einen See oder Bach gegangen, ohne dass jemand auf uns aufgepasst hätte.

Die Schule dauerte nur bis Mittag. Und wenn wir mit den Hausaufgaben fertig waren, hatten wir meistens frei und keine Termine.

Wir haben keine E-Mails bekommen und hatten kein Facebook, aber wenn ein Brief oder ein Päckchen für uns im Briefkasten war, dann war das das Höchste für uns!

Wenn man einkaufen ging, gab es keinen Supermarkt, sondern einen kleinen Laden, in dem man sich traf und miteinander redete. Wenn man telefonierte, musste man darauf achten, dass das Gespräch nicht zu lange dauerte, denn es gab keine „Flat“ und es kostete noch richtig Geld.

Ein Eis kostete nicht ein paar Euro und auch keine Mark – sondern ein paar Pfennige. Wenn man in ein anderes Land fuhr, musste man über eine richtige Grenze fahren, man wurde kontrolliert und musste die Pässe zeigen. Wenn es schneite, suchten wir uns einen Hügel und fuhren dort mit dem Schlitten oder auf dem Hosenboden herunter. Man hatte kein Geld, um in ein Skigebiet zu fahren. In den Sommerferien gingen wir ins Freibad oder fuhren mit den Eltern in den Urlaub per Auto, Bus oder Zug. Es ging in die Berge oder ans Meer, aber nicht mit dem Flugzeug in ein fernes Land. Wenn wir Fotos machten, mussten wir uns die teuren Aufnahmen, die uns der Film ermöglichte, einteilen und es war ein Abenteuer, sie aus dem Fotoladen abzuholen, denn man konnte vorher nicht sehen, ob sie scharf oder richtig belichtet waren und was wirklich auf den Bildern drauf war – und doch sind diese Fotos heute sehr wertvoll.

Wenn man seine erste Freundin hatte, musste man es den Eltern oft verheimlichen und hatte Sorge, dass es jemand entdecken könnte. Händchenhalten oder ein Kuss waren schon etwas sehr Aufregendes.

Wenn man Nachrichten hörte, wusste man immer, wo in der Welt Feinde und wo Freunde waren. Krieg war etwas, was man nicht im Fernsehgerät sah, sondern aus Erzählungen von Eltern und Verwandten kannte. Auch dass Frieden nicht nur ein Wort, sondern mit das größte Glück unseres Lebens ist, wurde uns von unseren Eltern vermittelt.

Es war eben alles sehr einfach.

Und einfach schön.

Wünsche

Deine Wünsche für mich:

Es gibt Gezeiten im Leben des Menschen.
Und weiß er die Flut zu nutzen,
dann hebt sie ihn empor zum Glück.

WILLIAM SHAKESPEARE

Deine Wünsche für dich:

Neujahrsgebet von 1883

Herr, setze dem Überfluss Grenzen
und lasse die Grenzen überflüssig werden.

Lass die Leute kein falsches Geld machen,
aber auch das Geld keine falschen Leute!

Nimm den Ehefrauen das letzte Wort
und erinnere die Ehemänner an ihr erstes.

Schenke unseren Freunden mehr Wahrheit
und der Wahrheit mehr Freunde.

Bessere solche Beamten, Geschäfts- und Arbeitsleute,
die wohl tätig, aber nicht wohltätig sind.

Gib den Regierenden ein besseres Deutsch
und den Deutschen eine bessere Regierung.

Herr, sorge dafür, dass wir alle in den Himmel kommen,
aber nicht sofort!

PFARRER HERMANN KAPPEN (1818–1901)
VON ST. LAMBERTI, MÜNSTER/WESTF.

Hier kannst du
ein Foto einkleben

*Die Erinnerung ist das einzige Paradies,
aus dem wir nicht vertrieben werden können.*

JEAN PAUL

Dein Geburtsjahr

Das hat sich in meinem Geburtsjahr ereignet:

Chronik

Die Kurzchronik erhebt keinen Anspruch auf Vollständigkeit aller wichtigen Ereignisse oder darauf, alle bedeutenden Ereignisse darzustellen. Sie soll lediglich eine kleine Einstimmung in die jeweilige Zeit bewirken und dazu anregen, diese Dinge durch persönliche Erinnerungen aus dieser Zeit zu ergänzen oder durch kleine Anmerkungen zur Familiengeschichte.

1925

Adolf Hitler wird auf eigenen Antrag aus der österreichischen Staatsbürgerschaft entlassen und lebt als Staatenloser in Deutschland. In Bayern, Hamburg und Preußen sind die Reden Adolf Hitlers verboten. Österreich wird das erste Land auf dem europäischen Kontinent, das eine Profifußballliga einführt und die Spielvereinigung Unterhaching geht aus der Fußballabteilung des TSV Hachinger Tal hervor.

1926

Der zunehmenden Bedeutung des Automobils wird Rechnung getragen: In Paris wird das internationale Abkommen über Kraftfahrzeugverkehr verabschiedet. Deutschland wird Mitglied im Völkerbund. Erfindung der Sprühdose durch den Norweger Erik Rotheim. Als erste Fluggesellschaft in Deutschland wird die Lufthansa gegründet. In England führt John Logie Baird das erste funktionierende mechanische Fernsehen vor.

1927

In den USA werden die beiden Einwanderer Sacco und Vanzetti auf dem elektrischen Stuhl hingerichtet, obwohl ihre Schuld nie eindeutig bewiesen wurde. In Köln wird die REWE-Genossenschaft, in Fürth das Versandhaus Quelle gegründet. Charles Lindbergh überquert als erster Mensch in einem Nonstop-Flug den Atlantik. In Italien wird von Brescia aus die erste Mille Miglia gestartet und in Deutschland der Nürburgring eingeweiht.

1928

Der Berliner Gustav Hartmann, besser bekannt unter dem Namen „Der eiserne Gustav“, erreicht mit seiner Pferdedroschke Paris. Er wollte damit zeigen, wie leistungsfähig Pferdedroschken sind, und damit etwas gegen den Niedergang des Droschkengewerbes und die steigende Zahl von Autos unternehmen. Durch einen Zufall entdeckt Alexander Fleming, dass Penicillin-Schimmelpilze seine Staphylokokken-Kulturen abtöten. Er geht diesem Phänomen nach und entwickelt das antibakteriell wirkende Penicillin.

1929

Mit dem Schwarzen Donnerstag begann in den USA am 24. Oktober eine Börsenkrise, die sich in den Tagen darauf verschlimmerte und zu einer Weltwirtschaftskrise mit einer lang anhaltenden Rezession, der sogenannten „Großen Depression" wurde. Und in Berlin wird von dem deutschen Ingenieur Engelbert Zaschka das weltweit erste Faltauto, der Zaschka-Threewheeler der Öffentlichkeit vorgestellt, das sich zerlegen und zusammenfalten lässt, um so raumsparend und kostengünstig den zunehmenden Platz- und Parkplatzproblemen in Ballungsgebieten entgegenzuwirken.

1930

Mahatma Gandhi demonstriert mit dem sogenannten Salzmarsch gegen das britische Salzmonopol. In Köln lässt Henry Ford ein Autowerk bauen. Paul Dirac veröffentlicht sein Buch „Die Prinzipien der Quantenphysik". Pluto wird als 9ter Planet des Sonnensystems entdeckt, im August 2006 wird er allerdings zum Zwergplaneten herabgestuft.

1931

In Braunschweig kommt es zu einem Massenaufmarsch von 100.000 Nationalsozialisten. Vor allem Sozialdemokraten und Gewerkschafter versuchen, in der sogenannen Eisernen Front Widerstand gegen den Nationalsozialismus zu formieren. Das Rasiermesser erhält Konkurrenz: Die ersten brauchbaren Elektrorasierer kommen in den Handel. Die bayerische Zugspitzbahn eröffnet auf der Zugspitze ihren Bergbahnhof unter dem Namen „Schneefernerhaus".

1932

Das „Dritte Reich" wirft seine Schatten voraus: Adolf Hitler wird deutscher Staatsbürger. SA und SS werden in Deutschland unter Heinrich Brüning verboten, er verliert unter anderem auch dadurch das Vertrauen des Reichspräsidenten Die Nationalsozialisten werden bei der Reichstagswahl im Juli erstmals stärkste Fraktion, verlieren jedoch bei erneuten Wahlen im November viele Stimmen. Der „Fliegende Hamburger“, ein mit Dieselantrieb versehener Hochgeschwindigkeitszug unternimmt im Dezember seine erste Probefahrt. Er erreicht die damals sensationelle Geschwindigkeit von 160 km/h und verkürzte die Reisezeit zwischen Berlin und Hamburg auf ca. 140 Minuten. Der Kölner Oberbürgermeister Konrad Adenauer eröffnet die erste Autobahn zwischen Köln und Bonn.

1933

Adolf Hitler ergreift die Macht und lässt sich am 30. Januar zum Reichskanzler ernennen. Die Weimarer Republik ist gescheitert. Mit dem Beginn des „Dritten Reichs“ tritt Deutschland aus dem Völkerbund aus, der nach dem Ersten Weltkrieg zur Wahrung des Friedens gegründet wurde. Die Gewerkschaften werden in Deutschland verboten, Bücher unliebsamer Autoren öffentlich verbrannt. Die Weltwirtschaftskrise dauert an. In den Vereinigten Staaten versucht der neue Präsident Franklin D. Roosevelt mit einer Reihe von Maßnahmen, die er als New Deal bezeichnet, der Lage Herr zu werden. Ein Österreicher, der Erfinder Gustav Tauschek, lässt sich den Trommelspeicher patentieren, der viele Jahre lang zum Standard in der Datenspeicherung wird. Mit Eröffnung der 10. Funkausstellung in Berlin wird der neue Volksempfänger vorgestellt.

1934

Mit zahlreichen Gesetzesänderungen und Erlassen, aber auch mit roher Gewalt wie beim Röhm-Putsch, festigen die Nationalsozialisten ihre Macht in Deutschland und entledigen sich politischer Gegner. Gastgeber Italien kann die Fußball-Weltmeisterschaft für sich entscheiden. In Deutschland beginnt man mit Fernsehübertragungen und in den USA wird das Gefängnis auf Alcatraz zum Bundesgefängnis umfunktioniert.

1935

Entgegen der Vereinbarungen in den Versailler Friedensverträgen gründet Göring die Luftwaffe und in Deutschland wird die allgemeine Wehrpflicht wiedereingeführt. Das Saargebiet wird vom Völkerbund an das Deutsche Reich zurückgegeben. Der Begriff Jude wird gesetzlich definiert. Juden werden diskriminiert und ihnen werden die Bürgerrechte aberkannt. In Deutschland beginnt man vom Funkturm Berlin aus mit der Ausstrahlung des ersten regulären Fernsehprogramms der Welt. Von der amerikanischen Brauerei Schlitz wird die erste Getränkedose entwickelt.

1936

Während innenpolitisch Minderheiten, allen voran jüdische Mitbürger, unterdrückt werden und offenkundig ein Krieg vorbereitet wird, inszenieren die Nationalsozialisten die Olympischen Winterspiele in Garmisch-Partenkirchen ebenso wie die Olympischen Sommerspiele in Berlin als nationalsozialistische Propagandaveranstaltung. In New York siegt Max Schmeling gegen den bisher ungeschlagenen Joe Louis. In Köln landet eine Ju 52 als erste Maschine auf dem Flug- und Luftschiffhafen Rhein-Main. Dies gilt als Eröffnung des Flughafens.

1937

In Spanien weitet sich der Bürgerkrieg aus, Franco erhält dabei auch die Unterstützung der deutschen Luftwaffe, die völkerrechtswidrig in den Krieg eingreift. Damit die Rüstungsindustrie genügend Edelstahl verarbeiten kann, wird im gesamten Deutschen Reich die Verarbeitung von Edelstahl zu anderen als militärischen Zwecken verboten. Seit mehr als zehn Jahren sinkt zum ersten Mal die Zahl der Arbeitslosen unter eine Million. In Berlin wird die „Gesellschaft zur Vorbereitung des Deutschen Volkswagens mbH" gegründet, der Vorläufer der Volkswagen AG. In San Francisco wird die Golden Gate Bridge fertiggestellt und der Öffentlichkeit übergeben.

1938

Jüdischen Mitbürgern werden die Grundrechte weiter beschnitten, unter anderem wird ihnen das Betreiben von Einzelhandelsgeschäften und Handwerksbetrieben verboten und die Leistungen jüdischer Ärzte werden nicht mehr von den Krankenkassen vergütet. Konrad Zuse stellt seine Rechenmaschine Z1 fertig, einen mechanischen Rechner als erste, frei programmierbare Rechenmaschine. Sie funktionierte mit Hilfe von mechanischen Schaltgliedern, die durch einen Staubsaugermotor angetrieben wurden. Rudolf Caracciola erzielt mit einem Mercedes-Benz einen neuen Geschwindigkeitsweltrekord: 432,692 km/h.

1939

Das Reichsverkehrsministerium lässt nun auch alle Führer- und Fahrzeugscheine, die im Besitz von Juden sind, einziehen. Im März marschieren deutsche Truppen in Böhmen und Mähren ein, kurz darauf werden Böhmen und Mähren gegen heftige Proteste aus dem Ausland vom deutschen Reich annektiert. Im September beginnt mit dem Überfall auf Polen der Zweite Weltkrieg. In einer Garage in Palo Alto entsteht Hewlett-Packard. Diese Firmengründung gilt später als Geburtsstunde von Silicon Valley. Der Deutschlandsender III wird in Betrieb genommen, mit seinem 337 Meter hohen Antennenmast ist er seinerzeit das zweithöchste Bauwerk der Welt.

1940

Der Krieg dehnt sich über ganz Europa aus und auch darüber hinaus. Unter anderem werden Dänemark, Norwegen und Belgien besetzt, der Krieg wird gegen Frankreich, die Niederlande und Norwegen ausgeweitet. Die Luftschlacht um England beginnt mit Angriffen der deutschen Luftwaffe im Ärmelkanal. In England reagiert man mit dem Kriegskoalitionskabinett unter Churchill, das die Führung Großbritanniens übernimmt. In den USA wird die allgemeine Wehrpflicht eingeführt. Italien beginnt mit der Invasion in Ägypten. Die MAUD-Kommission, in der britische Wissenschaftler vereinigt sind, tritt zusammen. Das Thema ist die Möglichkeit der Herstellung einer Atombombe. „Der große Diktator", eine Filmsatire Charlie Chaplins auf Adolf Hitler startet in New York. Die Olympischen Spiele fallen wegen des Krieges aus.

1941

Deutschland weitet seinen Krieg auf die Sowjetunion, aber auch auf den Balkan und den afrikanischen Kontinent aus. Japan beginnt mit dem Überfall auf Pearl Harbor den Angriff auf die USA. Die nationalsozialistische Führung in Deutschland führt für Sparer ein Programm ein, das sie „Eisernes Sparen" nennt. Mit diesem Programm soll möglichst viel Kaufkraft in der Bevölkerung gebunden werden. Gleichzeitig werden Steuervorteile angeboten, um den Krieg leichter finanzieren zu können. Als erster Mensch wird in London ein Polizist mit Penicillin behandelt. Obwohl die Behandlung zunächst erfolgreich verläuft, stirbt er einige Wochen später, als die Therapie wegen zu geringer Penicillinvorräte abrupt abgebrochen wird.

1942

Erstmals müssen deutsche und italienische Truppen in Bardia (Libyen) kapitulieren. Das britische Luftfahrtministerium erteilt die Anweisung zum Flächenbombardement Deutschlands, wenig später werden Lübeck und Rostock von Bombern der britischen Luftwaffe weitläufig zerstört. Dem Automobilbauer Henry Ford wird ein US-Patent auf eine neuartige Konstruktion erteilt: das Fahrgestell. Physikern gelingt es erstmals, Energie mit Hilfe von Kernspaltung zu erzeugen. Der Film „Casablanca" mit Humphrey Bogart und Ingrid Bergman wird in New York uraufgeführt.

1943

Auch die US-Luftwaffe beginnt mit umfassenden Bombardements: Vom 27. Januar an wird das Deutsche Reich ununterbrochen von Bombern attackiert. Propagandaminister Joseph Goebbels fordert in einer Rede im Berliner Sportpalast den „totalen Krieg", aber in Russland ist Generalfeldmarschall Paulus dazu gezwungen, in der Schlacht von Stalingrad zu kapitulieren. In Deutschland legt der Normenausschuss fest: Die Woche in Deutschland beginnt nun jeweils am Sonntag um 0:00 Uhr und endet am darauffolgenden Samstag um 24:00 Uhr. Erst 1976 wird der Wochenbeginn wieder auf Montag festgesetzt.

1944

Das Jahr ist vollständig von den Ereignissen des Zweiten Weltkriegs überschattet. Während die alliierten Luftangriffe fortgesetzt werden und nun auch Berlin erreichen, rückt von Osten her die Rote Armee näher. Im Juni beginnen die Alliierten in der Normandie mit der Invasion, bereits im September sind amerikanische Einheiten bis Trier vorgerückt. Der Forscher Oswald Theodore Avery kann nachweisen, dass nicht – wie bisher angenommen – Proteine die Träger genetischer Informationen sind, sondern die DNA.

1945

Trotz der offensichtlichen Niederlage lässt Adolf Hitler noch bis kurz vor seinem Selbstmord am 30. April Durchhalteparolen verbreiten und spricht immer noch vom Endsieg. Am 8. Mai um 23:01 Uhr tritt die bedingungslose Kapitulation Deutschlands in Kraft. Deutschland wird in die vier Besatzungszonen aufgeteilt. Cessna bringt in den USA das erste Sportflugzeug in die Luft: die Cessna 120, Vorläufer der C150 und 172, die die meistgebauten Flugzeuge weltweit werden. Auch die als Geschäftsreiseflugzeug konzipierte Beechcraft Bonanza startet zu ihrem Erstflug.

1946

In Nürnberg beginnt der Prozess gegen die Hauptkriegsverbrecher. Amerikanische Zigaretten werden zu einer Schattenwährung auf dem Schwarzmarkt. Gründung des Süßwarenkonzerns Ferrero in Alba (Italien). In Hamburg wird die Axel Springer AG, in Japan Sony gegründet. Auf der USS Franklin D. Roosevelt startet und landet das erste düsengetriebene Flugzeug weltweit.

1947

Der „Kalte Krieg“ beginnt – eine Auseinandersetzung bei der die Kriegswaffen „kalt“ bleiben und durch Spionage, politische Anfeindungen und Drohungen sowie durch gegenseitige wirtschaftliche Blockaden ersetzt werden. In den Westzonen Deutschlands beginnt man, das Wirtschaftsleben auf weitgehend kapitalistischer Grundlage wieder aufzubauen. Chuck Yeager durchbricht als erster Mensch in einer Bell X-1 offiziell in etwa 15.000 m Höhe die Schallmauer.

1948

Nach dem Scheitern einer Lösung für Gesamtdeutschland kommt es in Westdeutschland durch die Währungsreform zur Einführung der D-Mark. Als die Westmächte ankündigen, die D-Mark auch in Westberlin einzuführen, riegelt die sowjetische Besatzungsmacht alle Land- und Wasserverbindungen ab. Mit der Berliner Luftbrücke versorgen daraufhin U.S. Air Force und Royal Air Force Berlin mehr als ein Jahr lang mit allen wichtigen Lebensmitteln.

1949

Die Berliner Luftbrücke wird im August eingestellt, nachdem die sowjetische Besatzungsmacht die Blockade der Land- und Wasserwege wieder aufhebt. In Berlin schlägt die Geburtsstunde der Currywurst, die der Legende nach von Herta Heuwer erfunden wurde. Konrad Adenauer wird erster Bundeskanzler der BRD. Der Pilot James G. Gallagher schafft nach 94 Stunden in der Luft mit seiner Crew die erste Nonstop-Weltumrundung. Die Boeing B-50A musste dazu während ihres Flugs mehrmals in der Luft nachbetankt werden.

1950

Der Kalte Krieg teilt die Welt in zwei Lager. In den an den USA orientierten und in der Nato organisierten Ländern wächst die antikommunistische Stimmung. Im Koreakrieg stehen sich die ehemaligen Verbündeten erstmals militärisch gegenüber. Tibet wird von China annektiert. Die Lockheed Super Constellation, ein viermotoriges Propellerflugzeug, das für Langstreckenflüge ausgelegt war und bis zu 99 Passagiere aufnehmen konnte, startet zu ihrem Erstflug. Die ARD wird vom BR, HR, RB, SDR, SWF und NWDR sowie dem RIAS Berlin gegründet. Der RIAS hat nur eine beratende Stimme.

1951

Konrad Adenauer wird gleichzeitig neben seiner Tätigkeit als Bundeskanzler auch Bundesminister des Auswärtigen. Das Bundesverfassungsgericht nimmt seine Tätigkeit auf. In den USA wird gegen Ethel und Julius Rosenberg nach einem Prozess wegen Spionage die Todesstrafe verhängt. In Frankfurt am Main wird durch Bundespräsident Theodor Heuss die erste deutsche Automobilausstellung eröffnet. Die Messe Photokina, die erstmals 1950 stattfand, wird international. In Düsseldorf präsentiert die Deutsche Grammophon die erste Langspielplatte – mit 33 ⅓ Umdrehungen in der Minute – der Öffentlichkeit. Mit dem UNIVAC wird in den USA erstmals ein kommerzieller Computer in Betrieb genommen.

1952

Der Koreakrieg wird zu einem zermürbenden Stellungskrieg trotz massiver Flächenbombardements über Nordkorea. Die USA schließen einen Friedensvertrag mit Japan und demonstrieren mit der Zündung der Wasserstoffbombe ihre militärische Überlegenheit. Dwight D. Eisenhower wird zum Präsidenten der USA gewählt, er wird 1953 den Demokraten Harry S. Truman ablösen. Adenauers Regierung setzt auf die Westintegration und lehnt das Angebot eines wiedervereinigten, neutralen Deutschlands ab. Walter Ulbricht formuliert den Begriff des „planmäßigen Aufbaus des Sozialismus" und nimmt eine „Sowjetisierung" der Gesellschaft in der DDR vor. Die VI. Olympischen Winterspiele finden in Oslo/Norwegen, die XV. Olympischen Sommerspiele in Helsinki/Finnland statt. Der Einsatz von Turbinenflugzeugen ermöglicht Transatlantikflüge von England nach Südafrika am selben Tag.

1953

Josef Stalin stirbt. Kurz nach seinem Tod beginnt die Entstalinisierung in der UdSSR, sein Nachfolger Chruschtschow setzt unter dem Druck massiver innenpolitischer Probleme auf einen Entspannungskurs mit den USA. Politische und auch wirtschaftliche Probleme in der DDR führen zum Aufstand des 17. Juni, bei dem es zahlreiche Todesopfer gibt. Die Sowjetunion zündet ein Jahr nach den USA ebenfalls eine Wasserstoffbombe. Albert Scott Crossfield erreicht als erster Mensch mit einer Douglas Skyrocket zweifache Schallgeschwindigkeit, wenig später fliegt Chuck Yeager mit der Bell X-1A mehr als doppelte Schallgeschwindigkeit (Mach 2.44).

1954

Der Präsident des Verfassungsschutzes Otto John taucht in der DDR unter und sorgt damit für einen Skandal. In den USA verbietet der Supreme Court die Rassentrennung an öffentlichen Schulen. In Paris wird beschlossen, dass die Bundesrepublik Deutschland wieder bewaffnet und in die NATO aufgenommen werden soll. In Obninsk bei Moskau wird das weltweit erste Kernkraftwerk in Betrieb genommen. Mercedes stellt den Mercedes-Benz 300 SL vor. Texas Instruments baut in den USA erstmals ein Transistorradio, noch im gleichen Jahr wird auch das Farbfernsehen mit der Fernsehnorm NTSC in den USA in Betrieb genommen.

1955

Die Besatzungszeit in DDR und Bundesrepublik endet offiziell, auch wenn die Truppen noch stehen bleiben. Nach einer Moskaureise von Konrad Adenauer nimmt die Bundesrepublik diplomatische Beziehungen zur Sowjetunion auf. Außerdem kann er die Heimkehr der letzten deutschen Kriegsgefangenen erwirken. Der Fußballtraditionsverein Borussia Dortmund wird zum ersten Mal Deutscher Meister. Die heute üblichen Sondersignalanlagen aus blauem Blinklicht und Martinshorn werden eingeführt.

1956

Die Wehrpflicht für deutsche Männer tritt in Kraft. Wehrpflichtig sind alle, die ab dem 1. Juli 1937 geboren sind. Erstmals nach dem Krieg wird der Wiener Opernball veranstaltet. Am 17. Juni führt die deutsche Lotterie die Zusatzzahl ein. Nun kann man neben sechs Richtigen auch noch eine Ziffer extra zum großen Sieg wählen.

1957

Der Satellit „Sputnik“ wird von der Sowjetunion, vom Weltraumbahnhof Baikonur aus, in die Erdumlaufbahn gebracht. Dies löst den sogenannten Sputnikschock aus, der das Unterlegenheitsgefühl der westlichen Welt deutlich macht. Der erste Trabant des Modells P50 geht bei VEB Sachsenring Automobilwerke Zwickau in Produktion und gibt den Startschuss für über drei Millionen Fahrzeuge bis 1991. Danach wird die Produktion eingestellt.

1958

Anlässlich der ersten Weltausstellung nach dem Zweiten Weltkrieg wird in Brüssel das „Atomium“ errichtet, ein monumentales Kunstwerk, das die friedliche Nutzung der Atomenergie symbolisiert. In Flensburg wird die deutsche Verkehrssünderkartei ins Leben gerufen. Gesetzlich festgelegte Verfehlungen im Straßenverkehr werden hier registriert. In Frankreich wird mit überragender Mehrheit Charles de Gaulle zum französischen Staatspräsidenten gewählt, bis 1969 wird er dieses wichtige Amt behalten. Unter dem Namen NASA wird in den USA eine zivile

Bundesbehörde für Luft- und Raumfahrt gegründet, die sowohl Aufgaben im Bereich der zivilen Forschung als auch für militärische Dienste übernehmen soll. Brasilien wird Fußballweltmeister, der 17-jährige Pelé schießt zwei der fünf Tore im Endspiel gegen Schweden.

1959

Heinrich Lübke wird deutscher Bundespräsident und bleibt bis zu seinem Rücktritt 1969 in diesem Amt. Fidel Castro übernimmt in Kuba nach der Flucht des Diktators Batista die Macht. Mit Staatsbesuchen des US-Außenministers Richard Nixon und des Kreml-Führers Chruschtschow bemühen sich USA und UdSSR um eine Deeskalation des Konfrontationskurses im Kalten Krieg. Der „Mini" (ein britischer Kleinwagen) kommt auf den Markt. Mit den Lunik-Raumsonden behält die Sowjetunion in der Erforschung des Weltraums weiter die Nase vorn: Lunik 1 ist die erste Sonde, die das Schwerefeld der Erde überwindet, Lunik 2 erreicht als Erste den Mond und Lunik 3 fertigt die ersten Aufnahmen von der Rückseite des Mondes an.

1960

Gleich 17 afrikanische Kolonien erlangen die Unabhängigkeit in diesem Jahr, weshalb das Jahr 1960 auch als das „Afrikanische Jahr" bezeichnet wird. In den USA beginnt der Wahlkampf von John F. Kennedy gegen seinen republikanischen Kontrahenten Richard Nixon, den am Ende Kennedy knapp für sich entscheiden kann. Die Arbeiten für den Assuan-Staudamm im südlichen Ägypten werden in Angriff genommen. Affen erreichen jetzt erstmals auch den Weltraum: Der Rhesusaffe Miss Sam wird mit einer Mercury-Kapsel ins Weltall geschossen.

1961

Am 4. Juli wird erstmals die legendäre Fernsehsendung „Sportschau" ausgestrahlt. Die Berliner Mauer wird ab August errichtet und steht als Symbol für die endgültige Teilung des ehemaligen Deutschland bis zur Wende am 9. November 1989. Der Aufruf des britischen Rechtsanwalts Peter Benenson in der Zeitung „The Observer", sich durch Briefe für die Freilassung politischer Gefangener einzusetzen, wird veröffentlicht. Aus der Aktion wird die Organisation Amnesty International entstehen. John F. Kennedy wird vereidigt und mit nur 43 Jahren der 35. und bisher jüngste ins Amt gewählte Präsident der Vereinigten Staaten.

1962

Nach der gescheiterten Invasion in der Schweinebucht 1961 führt eine Fernsehansprache John F. Kennedys zum Ausbruch der sogenannten Kubakrise. Sie ist eine ernste Konfrontation zwischen den USA und der Sowjetunion im Oktober, bei der es beinahe zu Kampfhandlungen mit atomaren Waffen kommt. 15 Tage Mindesturlaub bekommen deutsche Angestellte ab dem 7. Dezember zugesichert. Ende Oktober beginnt in Deuschland die „Spiegel-Affäre", bei der sich Journalisten des Magazins „Der Spiegel" des Landesverrats bezichtigen lassen müssen. Mit „James Bond – 007 jagt Dr. No" wird das Thema des „Kalten Krieges" auch zu einem Spielfilm verarbeitet.

1963

In seiner weltberühmten Rede am 26. Juni vor dem Rathaus Schöneberg äußert John F. Kennedy seinen weltberühmten Satz „Ich bin ein Berliner!" Noch im November wird er in Dallas ermordet. Konrad Adenauer tritt, wie angekündigt, zurück, Ludwig Erhard wird am 16. Oktober zum 2. Bundeskanzler der BRD gewählt. In der ARD werden ab diesem Jahr die Sendungen „Bericht aus Bonn" und der „Weltspiegel" gesendet. Die Firma Philips bringt die ersten Audiokassetten auf den Markt und eröffnet damit der Jugend ungekannte Möglichkeiten in Sachen Freizeitgestaltung.

1964

Im März wird der ca. 5,8 Kilometer lange Tunnel durch den Schweizer Pass Großer St. Bernhard eröffnet. Nikita Chruschtschow wird am 14. Oktober vom Plenum des ZK aus all seinen Ämtern entlassen. Als Parteichef wird er von Leonid Breschnew, als Ministerpräsident von Alexei Nikolajewitsch Kossygin abgelöst. Am 16. Oktober schockiert China die Welt mit der Zündung seiner ersten Atombombe. Lyndon B. Johnson, der nach Kennedys Ermordung als amerikanischer Präsident vereidigt wurde, gewinnt im November die Präsidentschaftswahlen mit der größten Mehrheit in der US-Geschichte. Der farbige Bürgerrechtler Martin Luther King erhält den Friedensnobelpreis. Cassius Clay wird Boxweltmeister im Schwergewicht. Seine Gage von einer Million Dollar ist die höchste, die je ein Herausforderer dieser Gewichtsklasse bekommen hat.

1965

Ludwig Erhard wird durch die Bundestagswahlen im Amt bestätigt. Die USA werden in den Vietnamkrieg verwickelt, die Schlacht im Ia-Drang-Tal wird im Oktober zum ersten großen Gefecht. Ende Mai kommt es zum ersten Studentenprotest an den Hochschulen. Die Demos richten sich nicht nur gegen den Vietnamkrieg, sondern auch gegen die atomare Aufrüstung und die Hochschulpolitik. Auslöser für die Revolten war ein vom Rektor der Freien Uni Berlin verhängtes Redeverbot. Israel und die BRD nähern sich einander an und richten im jeweils anderen Land Botschaften ein, um die diplomatischen Beziehungen zu verbessern. Erstmalig wird die Auszeichnung „Krawattenmann des Jahres" an eine Persönlichkeit des öffentlichen Lebens vergeben, die

die Krawatte besonders stilvoll in Szene setzt. Ronald Biggs, der bekannte Postzugräuber, kann mit einer Strickleiter aus dem Wandsworth-Gefängnis in London fliehen. Komplizen erwarten ihn mit einem geparkten Möbelwagen. In Hannover wird die deutsche Hard-Rock-Band Scorpions gegründet.

1966

Am 18. Mai wird im Rhein ein „Ungeheuer" gesichtet. Schließlich stellt sich heraus, dass es sich dabei um einen verirrten Belugawal handelt. Alle Versuche, den Wal zurück in die Nordsee zu lotsen, scheitern. Vier Wochen später schwimmt „Moby Dick" dann selbst zurück in den Norden. In Großbritannien findet die Fußballweltmeisterschaft statt und die Briten tragen den Pokal siegesgewiss nach Hause: Am 30. Juli siegt Großbritannien mit 4:2 gegen die BRD. Zum 1. Dezember tritt Bundeskanzler Ludwig Erhard zurück. Nachfolger im Amt wird Kurt Georg Kiesinger (CDU). In der neu gewählten Großen Koalition ist die SPD erstmals wieder am Regierungsgeschäft beteiligt.

1967

Im Alter von 91 Jahren stirbt Konrad Adenauer am 19. April in Rhöndorf am Rhein. Unter Bundeswirtschaftsminister Karl Schiller (SPD) wird eine konzertierte Aktion zur Überwindung der Wirtschaftskrise gestartet. Eine Organtransplantation erregt Aufsehen: Zum ersten Mal in der Medizingeschichte wird einem Menschen unter der Leitung von Professor Christiaan Barnard ein fremdes Herz eingepflanzt. Der Patient Louis Washkansky erliegt jedoch 18 Tage nach dem Eingriff den Folgen einer Lungenentzündung. In einem Vertrag sichern sich die USA, die Sowjetunion und Großbritannien die gegenseitige Toleranz im All zu: Der Weltraum soll Friedenszone sein. Der erste Geldautomat wird in Enfield Town/Großbritannien in Betrieb genommen. Ein Schauspieler, der Brite Reg Varney, wird zum ersten Mensch, der auf diese Weise Geld abhebt.

1968

Die Studentenrevolten erreichen in der BRD ihren Höhepunkt. Am 18. Februar gehen rund 12.000 Menschen in Westberlin auf die Straße, um den Vietnamkrieg anzuprangern. In Berlin wird Rudi Dutschke bei einem Attentat während der Ostermärsche schwer verletzt. Die RAF beginnt mit ihren Terroranschlägen: Zwei Kaufhäuser werden am 2. April in Brand gesteckt. Andreas Baader und Gudrun Ensslin gestehen die Tat. Martin Luther King, die große Symbolfigur der amerikanischen Bürgerrechtsbewegung, wird ermordet. Auch in den USA nehmen die Proteste gegen den Vietnamkrieg zu. In Grenoble und Mexiko-Stadt finden die Olympischen Winter- und Sommerspiele statt. Der Film „2001: Odyssee im Weltraum" hat in Washington, D. C., seine Weltpremiere. Das Apollo-Programm der NASA wird intensiviert, Apollo 5 und 6 starten zu

Testzwecken unbemannt in die Erdumlaufbahn. Noch im gleichen Jahr bringt Apollo 7 drei Astronauten in die Erdumlaufbahn, Apollo 8 gelingt eine erste Umrundung des Mondes.

1969

Am 20. Juli setzt die Landefähre „Eagle" der Apollo 11 mit Neil Armstrong und Edwin Aldrin auf dem Mond auf. Armstrong setzt als erster Mensch einen Fuß auf einen Himmelskörper. SPD und FDP kommen an die Macht, Willy Brandt wird erster SPD-Bundeskanzler in der Bundesrepublik Deutschland. Gustav Heinemann wird neuer Bundespräsident, nachdem sein Vorgänger Heinrich Lübke knapp drei Monate vor Ende der Amtszeit zurücktritt. Im nordamerikanischen Woodstock finden sich während eines dreitägigen Rockfestivals etwa eine halbe Million Fans ein. Künstler wie Jimi Hendrix, Joe Cocker oder Janis Joplin rocken die Bühne. Woodstock steht für die Flower-Power- und Hippiebewegung der späten 60er und 70er Jahre! Sowohl der Jumbojet Boeing 747 als auch der Prototyp des Überschallverkehrsflugzeuges Concorde starten zu ihren Erstflügen. In der University of California in Los Angeles wird eine Nachricht über zwei entfernte Rechner verschickt, was als Geburtsstunde des Internets gilt.

1970

Auf dem Weg zum Mond explodiert an Bord des amerikanischen Raumschiffs Apollo 13 am 13. April ein Sauerstofftank und legt das Kommandomodul der Fähre lahm. Bis zur Landung der Apollo-13-Kapsel ist unklar, ob die drei Astronauten die Erde lebend erreichen können. Die Botschafter der vier Besatzungsmächte beginnen in Berlin mit Verhandlungen für ein Berlinabkommen, das den künftigen Status der Stadt klären soll. Die Berlinfrage soll den Entspannungsprozess zwischen Ost und West nicht stören. Willy Brandt kniet ungeplant vor dem Warschauer Ghetto-Ehrenmal. Diese Versöhnungsgeste führt später dazu, dass ihm der Friedensnobelpreis verliehen wird. Der Jumbojet Boing 747 nimmt den Linienverkehr zwischen London und New York auf. Das Großraumverkehrsflugzeug kann zunächst bis zu rund 370 Passagiere aufnehmen. Zum dritten Mal seit 1958 wird Brasilien bei der WM in Mexiko Fußballweltmeister.

1971

Walter Ulbricht gibt seine Parteifunktion als Erster Sekretär des Zentralkomitees der SED auf und macht seinen Stuhl frei für Erich Honecker, der künftig bis zum Oktober 1989 der mächtigste Mann in der DDR ist. Mit dem am 17. Dezember unterzeichneten Transitabkommen wird der Publikums- und Güterverkehr zwischen der BRD und Westberlin geregelt. Es ist der erste Vertrag zwischen DDR und BRD. Der inzwischen in den USA lebende John Lennon veröffentlicht seinen Hit „Imagine". In München wird die U-Bahn in Betrieb genommen. Daimler-Benz meldet die Erfindung des Airbags für ein deutsches Patent an.

1972

Am 5. September wird während der Olympischen Sommerspiele in München ein Anschlag auf das olympische Dorf verübt. Bei dem brutalen Verbrechen lassen 17 Menschen ihr Leben. Drei der arabischen Terroristen werden gefangen genommen. BRD und DDR unterzeichnen am 21. Dezember den sogenannten Grundlagenvertrag, in dem die Beziehung beider Staaten, der Gewaltverzicht, die Zusammenarbeit in humanitären Fragen und die Anerkennung des Gegenübers festgeschrieben werden. Die erste Folge von „Star Trek" (Raumschiff Enterprise) wird im deutschen Fernsehen gezeigt. Die BRD wird Fußballeuropameister. Im Endspiel gegen die UdSSR gewinnt Deutschland 3:0. Franz Beckenbauer, Günter Netzer und Gerd Müller spielen im Endspiel mit.

1973

Im Alter von 91 Jahren stirbt Pablo Picasso im April in Mougins. Der Fernsehfilm „Smog" beunruhigt die Fernsehzuschauer nicht nur, weil viele das im Film behandelte Smogszenario für real halten. Er führt zu anhaltenden Diskussionen über das Thema Umweltverschmutzung. Zivil- und Wehrdienst werden in der BRD gleichgestellt, trotzdem muss eine Gewissensprüfung erfolgen. Es besteht weiterhin keine Wahlfreiheit. Am 25. November kommt es zum ersten sonntäglichen Autofahrverbot in der gesamten Bundesrepublik. Die Energiekrise hat Einzug gehalten. Der Erdölpreis steigt ins Unermessliche. Ausgabebeschränkungen für Benzin sowie Fahrverbote und Tempobegrenzungen sind die Reaktionen der westlichen Länder.

1974

Günter Guillaume, persönlicher Referent Willy Brandts, und seine Frau Christel werden am 24. April wegen Spionageverdacht für die DDR verhaftet. 1956 wurde das Ehepaar von der Stasi nach Westdeutschland eingeschleust. Bundeskanzler Willy Brandt unterzeichnet wegen der Guillaume-Affäre am 6. Mai seinen Rücktritt. Helmut Schmidt wird am 16. Mai zum neuen Bundeskanzler der BRD gewählt, Walter Scheel wird neuer Bundespräsident nach Gustav Heinemann.. Deutschland wird am 7. Juli im Münchner Olympiastadion Fußballweltmeister. 20 Jahre nach dem „Wunder von Bern" gelingt der Sieg gegen Holland mit 2:1. Werbung für Tabakerzeugnisse in Rundfunk und Fernsehen wird am 15. August durch den deutschen Bundestag verboten

1975

Mit Beginn des Jahres wird die Volljährigkeit in der Bundesrepublik von 21 auf 18 Jahre herabgesetzt. Wenige Tage später wird am 10. Januar in Hamburg der Elbtunnel eingeweiht. Mit 3325

Metern Länge ist er einer der längsten Unterwassertunnel der Welt. In Stuttgart-Stammheim beginnt am 21. Mai der Prozess gegen Ulrike Meinhof, Gudrun Ensslin, Andreas Baader und Jan-Carl Raspe. Erst am 28. April 1977 werden Baader, Ensslin und Raspe zu lebenslanger Haft verurteilt, Meinhof wird knapp ein Jahr zuvor Selbstmord begangen haben. Bill Gates und Paul Allen gründen unter dem Namen Microsoft eine Computerfirma, die im Lauf der nachfolgenden Jahre zum größten Softwarehersteller weltweit wachsen wird. Niki Lauda gewinnt seinen ersten Formel-1-Weltmeistertitel.

1976

Die gebürtige Deutsche Silvia Sommerlath heiratet am 19. Juni den schwedischen König Carl XVI. Gustaf in Stockholm. Ulrike Meinhof wird in ihrer Zelle im Gefängnis Stuttgart-Stammheim erhängt aufgefunden. Rosi Mittermaier, ab ihren Siegen nur noch Gold-Rosi genannt, gewinnt bei den Olympischen Winterspielen in Innsbruck zwei Gold- und eine Silbermedaille. Am 1. August verunglückt der Rennfahrer Niki Lauda beim Großen Preis von Deutschland auf dem Nürburgring. Er überlebt mit schwersten Brandverletzungen. Richard Oetker, der Sohn des Fabrikanten Rudolf-August Oetker, wird im Dezember entführt. Der Täter kann mit dem Lösegeld von 21 Millionen D-Mark entkommen und gibt daraufhin den Aufenthaltsort von Oetker bekannt.

1977

Jimmy Carter wird am 20. Januar als 39. Präsident der USA vereidigt. Der „King of Rock'n'Roll" Elvis Presley stirbt am 16. August in Memphis. Der Deutsche Herbst regiert im September/Oktober: Generalbundesanwalt Siegfried Buback, Jürgen Ponto, Vorstandssprecher der Dresdner Bank, und Arbeitgeberpräsident Hanns Martin Schleyer werden von Mitgliedern der RAF ermordet. Die Lufthansa-Maschine „Landshut" wird nach Mogadischu entführt und Baader, Ensslin und Raspe nehmen sich das Leben. Die Flugzeugkatastrophe von Teneriffa, bei der zwei voll besetzte Boeing 747 auf der Startbahn des in Nebel eingehüllten Inselflughafens kollidieren, wird zum größten Flugzeugunglück in der Geschichte der zivilen Luftfahrt.

1978

Am 19. Januar rollt in Deutschland der letzte VW Käfer vom Band. In Mexiko wird das Kultauto bis 2003 weiter gefertigt. Später einmal wird das Jahr auch unter dem Namen „Drei-Päpste-Jahr" bekannt: Kardinal Albino Luciani folgt nach dem Tod von Papst Paul VI. auf den Stuhl Petri. Luciani, der sich selbst Johannes Paul I. nennt, verstirbt aber nach nur 33 Tagen. Der polnische Karol Wojtyla wird unter dem Namen Johannes Paul II. neuer Papst. Die US-amerikanische Serie „Starsky & Hutch" läuft im deutschen Fernsehen an und Alfred Bioleks Talkshow „Bio's Bahnhof" wird erstmals ausgestrahlt.

1979

Am 13. März tritt das Europäische Währungssystem in Kraft. Feste Wechselkurse sollen die Währungsverhältnisse stabilisieren und dienen der Vorbereitung einer einheitlichen Währung in Europa. Am 28. März kommt es zu einer schweren Katastrophe im Kernkraftwerk von Harrisburg/USA. Das Kühlsystem bricht zusammen. Radioaktiver Dampf entsteht und droht in die Umwelt zu gelangen.

1980

Am 13. Januar konstituieren sich die Grünen als Bundespartei, erhalten aber bei den Bundestagswahlen nur 1,5 Prozent. Helmut Schmidt wird durch die Wahlen im Amt bestätigt, der bayerische Ministerpräsident und CSU-Vorsitzende Franz Josef Strauß verliert und kehrt nach München zurück. Deutschland siegt mit 2:1 über Belgien und wird Fußballeuropameister.

1981

Lady Diana und Prinz Charles heiraten am 29. Juli in der St. Paul's Cathedral unter großer Anteilnahme der Bevölkerung. Die Hochzeit wird live in zahlreiche Länder der Erde übertragen. Dem Wiederaufflammen des Kalten Krieges steht die Friedensbewegung gegenüber. François Mitterand wird im Mai zum neuen Staatspräsidenten Frankreichs gewählt. Der erste „Tatort" mit Götz George als Kommissar Schimanski flimmert über den Bildschirm. IBM stellt in den USA den ersten IBM-PC vor.

1982

Bei einem konstruktiven Misstrauensvotum wird Helmut Schmidt von der FDP gestürzt. Als neuer Bundeskanzler wird am 1. Oktober Helmut Kohl gewählt. CDU/CSU und FDP bilden die neue Regierung mit dem Versprechen, die Regierung durch Neuwahlen zu legitimieren. In Oberbayern stürzt bereits der 250ste Starfighter der Bundeswehr ab. Italien wird zum dritten Mal (nach 1934 und 1938) Fußballweltmeister durch einen 3:1-Sieg über die deutsche Mannschaft. Der Student Scott E. Fahlman verwendet für Scherze im E-Mail-Verkehr den Smiley :–), der aus drei Zeichen besteht. Das „Emoticon" verbreitet sich bald über den ganzen Planeten.

1983

Die sich nachträglich als Fälschung erweisenden „Hitler-Tagebücher“ lassen die ganze Nation aufhorchen. Die Zeitschrift „stern“ hatte die Bände veröffentlicht, ohne sie vorher prüfen zu lassen. Ein rund 800 Gramm schweres Mobiltelefon von Motorola ist das erste serienmäßige Handy. Am 7. November wird die erste Zapfsäule mit bleifreiem Benzin in Betrieb genommen.

1984

Richard von Weizsäcker wird am 23. Mai zum neuen Bundespräsidenten gewählt. Die Umweltbilanz im Jahr 1984 ist bedrohlicher denn je: Enorme Wald- und Gewässerschäden beunruhigen die Bürger Europas und erfordern ein Umdenken in der Umweltpolitik. Die EG-Kommission klagt vor dem Europäischen Gerichtshof gegen die Bundesrepublik Deutschland. Der Grund dafür ist, dass in der BRD kein Bier aus anderen europäischen Ländern verkauft werden darf, wenn es nicht dem deutschen Reinheitsgebot entspricht.

1985

Mit 54 Jahren wird Michail Gorbatschow am 11. März zum neuen Generalsekretär der KPdSU gewählt. Günter Wallraff schleust sich diesmal als türkischer Leiharbeiter in deutsche Unternehmen ein und verfasst in Folge seinen Kassenschlager „Ganz unten“. Bereits innerhalb von wenigen Wochen verkauft sich das Werk über 1,5 Millionen Mal. Commodore stellt in New York einen neuen Rechner vor. Dieser Rechner, der Amiga genannt wird, überbietet an Grafikleistung alle vergleichbaren Computer.

1986

Die Raumfähre „Challenger“ explodiert kurz nach den Start am 28. Januar in ca. 15 km Höhe, die gesamte Mannschaft kommt dabei ums Leben. Das folgenschwerste Unglück der 80er Jahre schockt am 26. April die Welt: Im Kernkraftwerk von Tschernobyl kommt es im Kernreaktor Block 4 zu einer Explosion. Radioaktives Material gelangt in die Atmosphäre und verseucht in ganz Europa die Umwelt für Jahre. Der Südtiroler Reinhold Messner besteigt den chinesisch-nepalesischen Berg Lhotse. Er ist damit der erste Mensch, der alle vierzehn 8.000er der Welt bezwungen hat.

1987

Am 23. März tritt Willy Brandt als SPD-Parteivorsitzender zurück. Mathias Rust landet am 28. Mai mit einer Cessna 172 auf dem Roten Platz in Moskau. Rudolf Heß, ehemaliger Stellvertreter Adolf Hitlers, begeht am 17. August im Alter von 93 Jahren Selbstmord. Am 11. Oktober wird der ehemalige CDU-Ministerpräsident Uwe Barschel tot in der Badewanne seines Hotelzimmers aufgefunden. Im Nachhinein wird ihm Machtmissbrauch und Diskreditierung seines Wahlkampfgegners vorgeworfen. Ob Mord oder Selbstmord ist bis heute nicht geklärt. Deutschland gibt als erstes Land in Europa maschinenlesbare Ausweise aus.

1988

Am 20. August kommt es zur lange ersehnten Waffenruhe im seit acht Jahren andauernden 1. Golfkrieg. Am 3. Oktober stirbt der bayerische Ministerpräsident Franz Josef Strauß nach einem schweren Herzanfall. In Gladbeck entführen am 16. Oktober zwei Verbrecher bei einem Banküberfall zwei Geiseln und anschließend einen voll besetzten Linienbus. Drei Unschuldige kommen dabei ums Leben, die Medien geraten aufgrund ihrer geschmacklosen Übertragungen in die Kritik. Beim Unglück von Ramstein kollidieren drei Flugzeuge der italienischen Kunstflugstaffel Frecce Tricolori in der Luft. Eines davon stürzt in die Zuschauermenge, rund 70 Menschen sterben, zahlreiche Menschen werden verletzt.

1989

George H. W. Bush tritt das Amt des 41. US-Präsidenten der Vereinigten Staaten an. Am 9. Juli siegen beide deutschen Tennisidole Boris Becker und Steffi Graf in Wimbledon. Das Ozonloch wird zur weltweiten Umweltbedrohung und zwingt die Welt dazu, den FCKW-Ausstoß zu reduzieren. Die Öffnung der Mauer ist auch eine Folge der Glasnost-Politik Gorbatschows. Der Eiserne Vorhang fällt: In Polen kommt es zu den ersten demokratischen Wahlen, in Ungarn werden die Grenzanlagen zu Österreich abgebaut. Die Mauer fällt am 9. November. Nach mehr als 28 Jahren dürfen die Bürger der DDR endlich in Freiheit leben. Am 30. November wird Alfred Herrhausen, Vorstandssprecher der Deutschen Bank, von Mitgliedern der RAF ermordet.

1990

Am 19. Juni unterzeichnen Deutschland, Frankreich, Belgien, die Niederlande und Luxemburg das Schengener Abkommen II. Am 3. Oktober findet die endgültige Vereinigung der beiden deutschen Staaten BRD und DDR statt. Zur BRD treten DDR und Ostberlin bei. In Rom schlägt das deutsche Fußballteam mit 1:0 Argentinien und wird so das dritte Mal Fußballweltmeister nach 1954 und 1974.

1991

Am 17. Januar wird von der UNO der Krieg gegen den Irak eröffnet, zur Befreiung Kuwaits. Der sogenannte 2. Golfkrieg ist nach rund sechs Wochen beendet. Mit dem Sieg über Ivan Lendl am 27. Januar wird Boris Becker Nummer 1 auf der Tennisweltrangliste. Adieu Trabbi! Die letzte „Rennpappe" rollt am 30. April in Zwickau vom Band. Die Wahl zur neuen Hauptstadt ist am 20. Juni. Berlin gewinnt! Am 19. September finden die Bergsteiger Erika und Helmut Simon die über 5.000 Jahre alte Mumie Ötzi, der älteste Fund eines natürlich konservierten menschlichen Körpers überhaupt. Der ICE fährt das erste Mal von Hamburg nach München.

1992

Am 8. Februar eröffnen die Olympischen Winterspiele in Albertville. Die Deutschen erringen insgesamt 26 Medaillen, zehn davon Gold. Am 17. Mai wird der Flughafen München „Franz Josef Strauß" in Betrieb genommen. Der Rhein-Main-Donau-Kanal wird am 25. September eröffnet. Von der Nordsee bis zum Schwarzen Meer kann die Wasserstraße jetzt auf einer Länge von ca. 3.500 Kilometern befahren werden. Der Friedenspolitiker Willy Brandt verstirbt am 8. Oktober im Alter von 78 Jahren. Am 3. November wird Bill Clinton zum 42. Präsidenten der USA gewählt.

1993

Ab dem 1. Januar wird die Tschechoslowakei aufgelöst und in die Staaten Tschechien und Slowakei geteilt. Henry Maske wird am 20. März in Düsseldorf Weltmeister im Halbschwergewicht. Ab dem 1. Juli gelten die neuen, fünfstelligen Postleitzahlen in Deutschland. In Bischofferode treten die Bergarbeiter der Kalimine im Juli aus Protest gegen die Schließung in Hungerstreik. Dennoch wird das Werk geschlossen und zahlreiche Menschen verlieren ihren Arbeitsplatz. Das World Wide Web (WWW) wird für die Öffentlichkeit bereitgestellt und ermöglicht so jedem die Nutzung des Internets.

1994

Der Buß- und Bettag verliert seinen Status als gesetzlicher Feiertag, geltend ab dem Folgejahr. Der Serienverbrecher und Kaufhauserpresser Arno Funke – auch als „Dagobert" bekannt – wird am 22. April in Berlin während einer Verfolgungsjagd von der Polizei gefasst. Am 31. August verlassen als letzte Alliierte die russischen Soldaten Berlin. Die „Estonia", ein estnisches Fährschiff, sinkt am 28. September vor der Südküste Finnlands. Sie zieht 852 Menschen mit auf den Meeresboden. In der Formel 1 gewinnt Michael Schumacher als erster Deutscher den Weltmeistertitel beim großen Preis von Australien. Der berühmte Schauspieler Heinz Rühmann stirbt am 3. Oktober im Alter von 92 Jahren im oberbayerischen Starnberg.

1995

Im Januar kommt es zum Jahrhunderthochwasser am Niederrhein. Die Wände und Dämme halten nicht stand, rund 14.000 Menschen sind betroffen. Während des Bosnienkrieges werden in Srebenica geschätzt 8.000 Männer brutal ermordet und weitere 20.000 – 30.000 vertrieben. Der Frieden auf dem Balkan soll vom Dayton-Abkommen, das am 14. Dezember unterschrieben wird, gesichert werden. Die Einhaltung des Vertrags soll von einer internationalen Friedensmannschaft kontrolliert werden.

1996

Die USA liefert am 22. Februar den milliardenfach verschuldeten Immobilienspekulanten Jürgen Schneider an Deutschland aus. Deutschlands Bürger werden durch die Rinderseuche BSE verunsichert. Die EU verhängt Ende März ein Einfuhrverbot für britisches Rindfleisch. Die Rechtschreibreform wird am 1. Juli verabschiedet. Bis zum 1. August 1998 soll sie in den deutschsprachigen Gebieten eingeführt werden. Das erste geklonte Lebewesen – Schaf Dolly – wird geboren. Es gleicht seiner Mutter genetisch völlig. Die deutsche Fußballmannschaft besiegt in London die Mannschaft der Tschechischen Republik mit 2:1 und wird Europameister.

1997

Den größten zivilen Katastropheneinsatz seit Kriegsende erfordert das verheerende Hochwasser an der Oder. Durch einen beispiellosen Einsatz der Bevölkerung aus Ost und Westsowie durch Soldaten der Bundeswehr, den Bundesgrenzschutz und das Technische Hilfswerk kann die Gefahr gebannt werden. Jan Ullrich (geb. 1973) gewinnt als erster deutscher Radprofi am 27. Juli die Tour de France. Der Deutschen neues „Lieblingsspielzeug" ist der Computer: Rund 14 Millionen Computer werden privat genutzt, ans Internet angeschlossen sind eine Million Haushalte.

1998

Ein entsetzliches Zugunglück geschieht bei Eschede. Am 3. Juni um 10:57 Uhr löst sich ein Radreifen, der Zug entgleist kurz darauf. Bei dem Unglück kommen 101 Menschen ums Leben, weitere 105 werden zum Teil schwer verletzt. Gerhard Schröder wird am 27. Oktober zum neuen Bundeskanzler gewählt. Er löst den seit 16 Jahren amtierenden Helmut Kohl ab. Durch die Fusion der Daimler Benz AG und Chrysler Corporation werden die Großkonzerne zum drittgrößten Autoproduzenten der USA nach General Motors und Ford. Bei Cavalese in Italien durchtrennt ein US-Militärflugzeug im Tiefflug die Kabel einer Seilbahn, die 20 Menschen in der Gondel kommen ums Leben.

1999

Am 21. März hat der Schweizer Psychiater Bertrand Piccard das sogenannte letzte Abenteuer dieses Jahrhunderts bestanden. Seine Ballonfahrt um die Erde endet nach 19 Tagen in der ägyptischen Wüste. Der Berliner Reichstag wird im April eingeweiht und zum Sitz des Deutschen Bundestags. Am 23. Mai wird Johannes Rau in der Bundesversammlung zum achten Bundespräsidenten gewählt. Am 30. Juni gibt der Tennisspieler Boris Becker nach dem Turnier in Wimbledon seinen Rücktritt als Tennisprofi bekannt. Eine totale Sonnenfinsternis verdunkelt am 11. August die Welt für mehrere Minuten. Bei diesem Naturereignis deckt der Mond die Sonnenscheibe komplett zu, sodass kein Licht mehr zur Erde durchdringt.

2000

Durch den Wechsel ins Jahr 2000 wurde ein Computerchaos befürchtet. Es werden jedoch weltweit keine nennenswerten Probleme registriert. Am 25. Juli löst ein Metallteil auf der Startbahn eine Kettenreaktion aus, in deren Folge eine Concorde kurz nach dem Start abstürzt. Dabei kommen 113 Personen ums Leben, darunter zahlreiche Deutsche. Daraufhin wird von Air France sofort der Einsatz der Concorde eingestellt, drei Wochen später auch von British Airways.

2001

Mit Beginn des Jahres dürfen auch Frauen Dienst an der Waffe in der Bundeswehr tun. Durch die an diesem Tag erfolgten Anschläge auf die Zwillingstürme des World Trade Center wird der 11. September der Menschheit in Erinnerung bleiben. Dabei sterben annähernd 3.000 Menschen. Der Kapitän des ecuadorianischen Tankers „Jessica“ verwechselt eine Leuchtboje mit einem Leuchtturm und setzt den Tanker auf einer Sandbank auf. Durch das auslaufende Schweröl wird eines der letzten

Ökoparadiese der Erde – die Galapagos-Inseln – gefährdet. Schon nach 13 von 17 Formel-1-Rennen steht fest, dass Michael Schumacher Weltmeister wird. Nach seinem Sieg beim Großen Preis von Ungarn liegt er uneinholbar vorn und kann somit seinen vierten Weltmeistertitel feiern.

2002

Mit Beginn des Jahres wird der Euro Zahlungsmittel in vielen Ländern Europas. Die Fußballweltmeisterschaft findet in Südkorea und Japan statt. Brasilien besiegt die deutsche Mannschaft mit 2:0 und wird Weltmeister. Auch für Getränkedosen wird nun Pfand eingeführt. Im August fordert ein verheerendes Hochwasser der Elbe mindestens 20 Todesopfer. Von der Bundesregierung werden rund sieben Milliarden Euro zum Aufbau zur Verfügung gestellt. Der Ausstieg aus der Atomenergie wird beschlossen. Das letzte deutsche Kernkraftwerk soll 2021 vom Netz gehen. Bei einem Überfall auf einen Geldtransporter erbeuten drei Männer etwa 8,5 Millionen Euro. Das ist die höchste Summe, die jemals bei einem Raubüberfall in Deutschland entwendet wurde.

2003

Bereits am 26. April, vier Tage vor dem Ende der Fußballbundesliga-Saison 2002/2003, steht der FC Bayern München als deutscher Meister fest. Bei einem Fallschirmsprung nimmt sich der FDP-Politiker Jürgen Möllemann das Leben. Der letzte VW Käfer rollt am 30. Juli in Mexiko vom Band. Im Februar wird die Region entlang des Rheins zwischen Basel und Freiburg von einem Erdbeben der Stärke 5,5 erschüttert, das jedoch nur geringe Schäden verursacht.

2004

Ab 1. Januar wird die sogenannte Praxisgebühr erhoben. Eine etwa 25 Tonnen schwere Turmhaube mit vergoldetem Strahlenkranz wird am 22. Juni auf die wieder errichtete Dresdner Frauenkirche gehoben. Ab dem 1. Juli ist Horst Köhler der neunte Bundespräsident. Weihnachten 2004 ereignet sich eine der größten Flutkatastrophen der Geschichte. Am 26. Dezember werden weit über 200.000 Menschen von einem verheerenden Tsunami in den Tod gerissen. Betroffen sind vor allem Indonesien, Thailand, Sri Lanka, Indien und Malaysia. Unter anderem auf der Suche nach erdfernen Lebensformen landet der US-amerikanische Roboter „Spirit“ auf dem Mars und sendet Fotos vom „roten Planeten“ zur Erde. Mit Gesamtkosten von rund 760 Millionen Euro wird eines der größten deutschen Straßenprojekte – der Hamburger Elbtunnel – im Mai abgeschlossen.

2005

Am 22. Januar formiert sich „Die Linkspartei“ unter der Führung von Gregor Gysi und Oskar Lafontaine und schafft den Einzug in den Bundestag. Wir sind Papst! Der deutsche Kardinal Joseph Ratzinger wird neuer Pontifex und wählt den Namen Papst Benedikt XVI. Mit Angela Merkel wird erstmals eine Frau zur deutschen Bundeskanzlerin gewählt. Der 25-jährige Schiedsrichter Robert Hoyzer sorgt für einen schockierenden Wettskandal. Gegen Schmiergeldzahlungen beeinflusst er Spielergebnisse durch manipulative Entscheidungen.

2006

Deutschland im Fußballfieber. Die Fußballweltmeisterschaft findet in Deutschland statt! Millionen Menschen verfolgen in den Städten gemeinsam auf Großbildleinwänden die Spiele. Leider verliert die deutsche Mannschaft im Halbfinale gegen Italien. Aufgrund enormer Schneemassen stürzt die Eislaufhalle in Bad Reichenhall ein. Bei dem Unglück werden über 30 Menschen zum Teil schwer verletzt, 15 Menschen sterben. Nach fast sieben Jahren Weltraummission kehrt die NASA-Sonde „Stardust“ zur Erde zurück. Im Gepäck hat sie Staub eines Kometen, anhand dessen die Entstehung des Sonnensystems erforscht werden soll.

2007

Orkan Kyrill fegt am 18. Januar über Europa hinweg und reißt Schneisen der Verwüstung in die Landschaft. Am 6. Mai wird Nicolas Sarkozy zu Frankreichs neuem Staatspräsidenten gewählt. Die übertriebenen Sicherheitsvorkehrungen beim G8-Gipfel in Heiligendamm führen zu enormer Kritik. Die Medien berichten über Großdemonstrationen und das Eindringen von Greenpeace in die Sicherheitszone. Zum Ende des Jahres läuft das Briefmonopol der Deutschen Post aus.

2008

Die von den USA ausgehende Finanzkrise erreicht auch Europa und führt zu Insolvenzen verschiedener Banken. In den USA wird mit Barack Obama der erste Afroamerikaner zum Präsidenten gewählt. Kasperletheater in Hessen: Andrea Ypsilanti verspricht, nicht mit der Linkspartei zu kooperieren, um es dann doch vorzuschlagen. Nach 50 Jahren an der Spitze Kubas übergibt Fidel Castro, der 81-jährige Staatschef, die Macht an seinen Bruder Raul. Dieser wird formell am 24. Februar vom Parlament zum Staatschef bestimmt. Der Volksentscheid über den Erhalt des Flughafens Tempelhof scheitert am 27. April. Der Senat will den Flughafen Ende Oktober schließen.

2009

Am 15. Januar führt ein amerikanischer Pilot nach einem Zusammenstoß mit einem Vogelschwarm mit einem Airbus 320 eine spektakuläre Notwasserung auf dem Hudson-River durch. Keiner der rund 150 Menschen an Bord wird verletzt! Wegen Umbauarbeiten an der nahegelegenen U-Bahn stürzt das Historische Archiv der Stadt Köln ein und reißt zwei Männer in den Tod. Die in Mexiko erstmals aufgetretene Schweinegrippe entwickelt sich zur Pandemie. Auf dem Air-France-Flug 447 von Rio de Janeiro nach Paris stürzt in der Nacht zum 1. Juni der Airbus A330 über dem Atlantik ab. Angela Merkel wird für eine weitere Amtszeit als Bundeskanzlerin bestätigt. Horst Köhler bleibt deutscher Bundespräsident. Jeder Bürger, der sein altes Auto verschrottet und im selben Jahr ein neues zulässt, bekommt eine staatliche Prämie von 2.500 Euro, die sogenannte Abwrackprämie.

2010

Am 12. Januar wird Haiti von einem schweren Erdbeben erschüttert. Das Beben fordert Schätzungen zufolge zwischen 220.000 und 500.000 Todesopfer. Der Ausbruch des Vulkans Eyjafjallajökull (Island) am 20. März hat großräumige Auswirkungen. Durch die ausgetretene Vulkanasche wird die Flugsicherheit in weiten Teilen Nord- und Mitteleuropas beeinträchtigt und deswegen der Flugverkehr eingestellt. Wegen Steuerhinterziehung in Millionenhöhe und Beihilfe zum Betrug wird der Waffenlobbyist Karlheinz Schreiber im Mai vom Landgericht Augsburg zu acht Jahren Haft verurteilt. Christian Wulff wird am 30. Juni zum zehnten Bundespräsidenten gewählt. Aufgrund von Planungsfehlern und fehlgeleiteten Besucherströmen im Zugangsbereich kommt es am 24. Juli während der 19. Loveparade in Duisburg zu einem Gedränge. Dabei kommen 21 Menschen zu Tode, mehrere Hundert werden verletzt.

2011

Im März wird beschlossen, die Wehrpflicht in Deutschland auszusetzen. Infolge eines Tsunamis und eines Erdbebens am 11. März kommt es im japanischen Kernkraftwerk Fukushima zu einer verheerenden Nuklearkatastrophe. Die Einwohner müssen evakuiert werden. Am 26. Mai wird der mutmaßliche Kriegsverbrecher Ratko Mladić in Serbien festgenommen. Er wird für das Massaker in Srebrenica verantwortlich gemacht, bei dem 1995 ungefähr 8.000 Männer ermordet wurden.Im Juli wird mit der Raumfähre Atlantis die letzte bemannte Raumfahrtmission mit einem Spaceshuttle durchgeführt. Der Dresdner Fraunhofer-Forscher Karl Leo erhält den Deutschen Zukunftspreis des Jahres 2011 für die Entwicklung organischer Leuchtdioden.

2012

Das italienische Kreuzfahrtschiff Costa Concordia havariert am 13. Januar vor der Insel Giglio. 32 Menschen sterben. Christian Wulff tritt am 17. Februar vom Amt des Bundespräsidenten zurück. Zuvor war er wegen einer Kredit- und Medienaffäre in die Kritik geraten. Nach ihm wird Joachim Gauck zum 11. Bundespräsidenten gewählt. Während im Februar Europa von einer Kältewelle heimgesucht wird, kommen an die 600 Menschen, meist Obdachlose, ums Leben. Vom 25. Juli bis 12. August finden die XXX. Olympischen Spiele in London statt. Am 25. August stirbt Neil Armstrong 82-jährig in Cincinnati. Er hatte am 21. Juli 1969 als erster Mensch den Mond betreten. Der Maya-Kalender endet angeblich am 21.12.2012. Viele Menschen haben Sorge, dass die Welt untergeht, aber die Erde dreht sich weiter.

2013

2014

2015